Spiritueller Kalender 2019

Lassen Sie sich fallen in die Arme Ihrer Seele und Sie sind das Sie-Sind-Bewusstsein. Das heißt, sie sind Gottes Glanz, denn Sie sind Licht. Spüren Sie die Liebe Gottes und der Engel und Erzengel. Seien Sie, und Sie sind Licht. Und Gott berührt Sie.
Viel Freude mit dem Kalender und den Affirmationen.

Zu meiner Person:

Nach und während einer klassischen Ausbildung, einem Studium im geisteswissenschaftlichen Bereich und einer Dissertation, wurde der spirituelle Weg immer deutlicher für mich zum Leitstern meines Lebens in dieser Welt.
Die hohen Energien von Avalon, die die Druiden einst einsetzten, um heiliges Wissen zu verbreiten, kehren zurück, und in dieser Tradition steht sowohl diese Publikation, wie mein Leben im Licht der Einheit.
Merlin, der aufgestiegene Meister, der ich bin, hat in der neuen Zeit die Aufgabe, mit den Menschen an dem Aufstiegsprozess zu arbeiten und sie daran zu erinnern, dass sie das hohe Liebesbewusstsein Gottes sind.

Namasté.

Schulferien 2019

	Winter	Ostern	Pfings-ten	Sommer	Herbst	Weih-nachten
Baden-Württem-berg	04.03. - 08.03.	15.04. - 27.04.	11.06. - 21.06.	29.07. - 10.09.	28.10. - 30.10.	23.12. - 04.01.
Bayern	04.03. - 08.03.	15.04. - 27.04.	11.06. - 21.06.	29.07. - 09.09.	28.10. - 31.10. / 20.11.	23.12. - 04.01.
Berlin	04.02. - 09.02.	15.04. - 26.04.	31.05. / 11.06.	20.06. - 02.08.	04.10. / 07.10. - 19.10.	23.12. - 04.01.
Brandenburg	04.02. - 09.02.	15.04. - 26.04.	-	20.06. - 03.08.	04.10. - 18.10.	23.12. - 03.01.
Bremen	31.01. - 01.02.	06.04. - 23.04.	31.05. / 11.06.	04.07. - 14.08.	04.10. - 18.10.	21.12. - 06.01.
Hamburg	01.02.	04.03. - 15.03.	13.05. - 17.05. / 31.05.	27.06. - 07.08.	04.10. - 18.10. / 01.11.	20.12. - 03.01.
Hessen	-	15.04. - 27.04.	-	01.07. - 09.08.	30.09. - 12.10.	23.12. - 11.01.
Mecklen-burg-Vorpom-mern	04.02. - 15.02.	15.04. - 24.04.	31.05. / 07.06. - 11.06.	01.07. - 10.08.	04.10. / 07.10. - 12.10. / 01.11.	23.12. - 04.01.
Niedersachsen	31.01. - 01.02.	08.04. - 23.04.	31.05. / 11.06.	04.07. - 14.08.	04.10. - 18.10.	23.12. - 06.01.
Nordrhein-West-falen	-	15.04. - 27.04.	11.06.	15.07. - 27.08.	14.10. - 26.10.	23.12. - 06.01.
Rheinland-Pfalz	25.02. - 01.03.	23.04. - 30.04.	-	01.07. - 09.08.	30.09. - 11.10.	23.12. - 06.01.
Saarland	25.02. - 05.03.	17.04. - 26.04.	-	01.07. - 09.08.	07.10. - 18.10.	23.12. - 03.01.
Sachsen	18.02. - 02.03.	19.04. - 26.04.	31.05.	08.07. - 16.08.	14.10. - 25.10.	21.12. - 03.01.
Sachsen-Anhalt	11.02. - 15.02.	18.04. - 30.04.	31.05. - 01.06.	04.07. - 14.08.	04.10. - 11.10. / 01.11.	23.12. - 04.01.
Schleswig-Hol-stein	-	04.04. - 18.04.	31.05.	01.07. - 10.08.	04.10. - 18.10.	23.12. - 06.01.
Thüringen	11.02. - 15.02.	15.04. - 27.04.	31.05.	08.07. - 17.08.	07.10. - 19.10.	21.12. - 03.01.

Informationen und weitere Hinweise:
www.christian–huels.de
Blog: spirit.fotografie–huels.de

Bibliografische Information der Deutschen Nationalbibliothek:
Die Deutsche Nationalbibliothek verzeichnet diese Publikation in der Deutschen Nationalbibliografie; detaillierte
bibliografische Daten sind im Internet über www.dnb.de
abrufbar.

Herstellung und Verlag:
BoD – Books on Demand, Norderstedt
ISBN 9783752848731

Feiertage 2019

01. Jan 2019	Neujahr
06. Jan 2019	Heilige Drei Könige
01. Mär 2019	Frühlingsanfang meteorologisch
04. Mär 2019	Rosenmontag
06. Mär 2019	Aschermittwoch
20. Mär 2019	Frühlingsanfang
31. Mär 2019	Sommerzeitbeginn
19. Apr 2019	Karfreitag
21. Apr 2019	Ostersonntag
22. Apr 2019	Ostermontag
01. Mai 2019	Tag der Arbeit
12. Mai 2019	Muttertag
30. Mai 2019	Christi Himmelfahrt
01. Jun 2019	Sommeranfang meteorologisch
09. Jun 2019	Pfingstsonntag
10. Jun 2019	Pfingstmontag
20. Jun 2019	Fronleichnam
21. Jun 2019	Sommeranfang, Sommersonnenwende
15. Aug 2019	Mariä Himmelfahrt
01. Sep 2019	Herbstanfang meteorologisch
23. Sep 2019	Herbstanfang
03. Okt 2019	Tag der Deutschen Einheit
27. Okt 2019	Sommerzeitende
31. Okt 2019	Reformationstag
01. Nov 2019	Allerheiligen
17. Nov 2019	Volkstrauertag
01. Dez 2019	1. Advent
01. Dez 2019	Winteranfang meteorologisch
22. Dez 2019	Winteranfang, Wintersonnenwende
24. Dez 2019	Heiligabend
25. Dez 2019	1. Weihnachtsfeiertag
26. Dez 2019	2. Weihnachtsfeiertag
31. Dez 2019	Silvester

Inspiration und Mut ist Gottes Geschenk für alle Menschen. Und wir sind Liebe. Spürt die Liebe Gottes, und sie heilt. Ba Ra Sekhem.

Merlin & Metatron

Montag 31. Dezember

Dienstag 01. Januar   Neujahrstag

.

Gott ist, und wir sind.
So seid, und Ihr seid Licht, und alle Begrenzungen
in Euch fallen. Ihr seid Licht.
Lasst dies wirken. Ba Ra Sekhem, um dies ägyp-
tisch zu betonen für Höchstes Selbst/Hohe Seele,
Bewusstsein, Lebenskraft und universeels Chi, wenn
man dies so nennen möchte. Das Chi durchdringt
alles, und ist Macht, denn Macht ist die Substanz
des All-Einen, der oder das wir in Wahrheit sind. So
bedeutet Sekhem Macht (als Licht). Und Ihr seid,
die Ihr seid.
Ba Ra Sekhem.
Und die Einheit ist. Und die Liebe Gottes heilt.
Ba Ra Sekhem. Ba Ra Sekhem, Ba Ra Sekhem.
Nuk Hekau, nuk hekau, nuk hekau, ich bin Macht
als Licht. Ba Ra Sekhem. Und das Sekhem Zepter
wird Euch gereicht. Ba Ra Sekhem. Und innen wie
außen, Macht ist die Substanz des All-Einen, der
wir in Wahrheit sind.

Merlin & Metatron

Mittwoch 02. Januar

Donnerstag 03. Januar

Des Menschen Wille ist sein Himmelreich, und Gott heilt. Er oder sie ist unendliche Gnade. Und so wird Euch Euer Himmel geöffnet, wenn Ihr darum bittet.
Bittet weise: Sha are ora, sha are ora, sha are ora. Und die Türen zum Himmel öffnen sich. Ba Ra Sekhem.

Metatron

Freitag **04.** Januar

Samstag **05.** Januar

Sonntag **06. Januar**   Heilige Drei Könige

Bittet einmal weise: Ich bin Liebe, ich bin Wille, ich bin der ich bin, und ich bin Liebe.
Ich manifestiere aus dem höchsten Bewusstsein, dass ich Liebe bin.
Spürt die Liebe Gottes, und sie ist reines Wissen.
Ba Ra Sekhem.

Metatron

Montag 07. Januar

Dienstag 08. Januar

Gabriel ist die Macht Gottes, sein Name bedeutet, gleißendes Licht, Gott selber. Ba Ra Sekhem, und Gott heilt in uns. So sind wir Metatron und auch Erzengel Gabriel. Spürt die Liebe Gottes, die durch Erzengel Gabriel verkündet wird. Ba Ra Sekhem. Ihr könnt sprechen:
Ich bin Licht, ich bin Liebe, ich bin Wille, und ich bin Leben, ich manifestiere aus dem höchsten Bewusstsein, dass ich Liebe bin.
Wahres All-Eins-Sein sei, und ich bin Licht.
Spürt Erzengel Gabriel und Metatron und seid, denn Ihr seid Licht. Ba Ra Sekhem.

Gabriel & Metatron

Mittwoch **09.** Januar

Donnerstag **10.** Januar

Merlin, der aufgestiegene Meister und Metatron reichen Euch die Hand. Spürt die Liebe, die Euch umfängt. Seid, und Ihr seid Licht.
Und Gott ist.
Merlin reicht Euch erneut die Hand, und die Einheit ist in Euch zu erleben. Spürt dies erneut, denn Ihr seid, die Ihr seid.
Wenn Ihr Gott spürt, dann spürt Ihr die All-Liebe und die Erde in Euch ist erledigt. Sie ist Licht.
Ba Ra Sekhem. Ägyptisch für Hohe Seele, Höchstes Selbst, Bewusstsein, Lebenskraft.
Und Ihr seid, die Ihr seid.

Metatron & Gott selber

Freitag **11.** Januar

Samstag **12.** Januar

Sonntag **13.** Januar

*Kuthumi, der aufgestiegene Meister stellt sich
vor. Er ist Licht und unendliche Gnade. Er ist die
Fülle und Weisheit, die Ihr Euch auf dem Planeten
erwünscht, wenn Ihr Euer Leben heilt und durch
Gottes Willen die Aufstiegsprozesse unternehmt.
In Euch und um Euch ist Licht, und Ihr seid Leben.
Spürt die Liebe Gottes und des Meisters Kuthumi,
der Euch die Krone und den Baum des Lebens in
die Einheit rückt.
Ba Ra Sekhem.*

Kuthumi

Montag 14. Januar

Dienstag 15. Januar

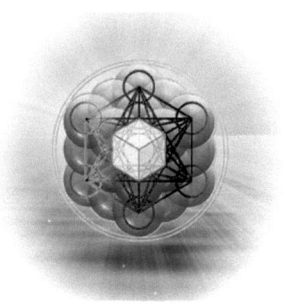

*So verbinde Dich mit der Kraft Gottes, zum Bei-
spiel durch folgende Affirmation:*
*Ich bin Licht, ich bin Liebe, ich bin Wille, ich bin
Leben, und ich bitte Gott mir seine Macht zu
geben. Ba Ra Sekhem. Ich bin Licht.*
Spürt und die Liebe Gottes umfängt Euch.
Ba Ra Sekhem.

Merlin & Kuthumi

Mittwoch **16.** Januar

Donnerstag **17.** Januar

Die Aufstiegsenergien sind sehr hoch. Sie erlauben, hohes Wissen und Fähigkeiten wieder zu integrieren. So sind wir Licht.
Und wir lieben das Leben, denn wir sind, die wir sind. Wir spüren Gott selber, und er oder sie ist weder männlich noch weiblich, er ist unendliche Liebe und Frieden. So spürt den Frieden Gottes in Euch selber.
Ba Ra Sekhem.

Gott selber

Freitag **18.** Januar

Samstag **19.** Januar

Sonntag **20.** Januar

Ba Ra Sekhem heißt, wir sind Licht. Und ich bin Leben. Die ägyptischen Worte meinen, dass wir Licht und Liebe sind, und reiner Ba. Dies meint, in uns gibt es keine Trennungen und Trennlinien, und so bekunden wir dies:
Wir sind Ba Ra Sekhem, und spüren die Macht und die Gnade des All-Einen.
Ba Ra Sekhem.

Serapis Bey & Merlin

Montag 21. Januar

Dienstag 22. Januar

Gott lenkt, und wir bitten die Engel und Erzengel um Hilfe, sie sind unendliches Licht und Gnade. Sie sind, die sie sind. Und wir sprechen ein Gebet an die hohe Seele, denn wir sind Licht:

Bitte Gott, der ich in Wahrheit bin, lass mich mit Hilfe der Erzengel hier auf Erden die Heilung und Transzendenz erleben, die sich meine Seele wünscht.
Dies ist so. Denn ich bin Licht, und in Wahrheit Gott selber. Ba Ra Sekhem.

Merlin reicht Euch die Hand, und Ihr seid, die Ihr seid.
Ägyptisch: Ba Ra Sekhem: Hohe Seele, Höchstes Selbst, Bewusstsein, Lebenskraft, und der Ba heilt. Ba Ra Sekhem.

Sananda

Mittwoch **23.** Januar

Donnerstag **24.** Januar

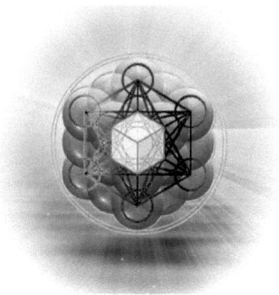

*Gott ist unendliche Liebe und Gnade. Und wir
sind Liebe. Ich bin Licht, ich bin Liebe, Wille und
Weisheit, und ich manifestiere aus dem höchsten
Bewusstsein, dass ich Liebe bin.*

*Ba Ra Sekhem. Ägyptisch: Hohe Seele, Höchstes
Selbst, Bewusstsein, Lebenskraft, und wir sind
Licht.*
Wir sind Ba Ra Sekhem.
*Und wir heilen erneut im Licht Gottes, denn wir
sind Leben.*

*Merlin ist Licht und reicht uns die Hand.
Wir spüren seine Liebe, und die hoch Eingeweihten werden es wissen, wir sind Licht.
Ba Ra Sekhem. Und die alten Weisen des Seins
sind zu erleben.*

Merlin

Freitag **24.** Januar

Samstag **25.** Januar

Sonntag **26.** Januar

Gott heilt in uns und ihn oder sie zu erleben, ist reiner Glanz.

Und so ernten wir, was wir säen. Löst Eure Versprechen, die Ihr der Dunkelheit jemals gegeben habt.

Ich löse alle Versprechen, Treueeide und ich bin Licht und Liebe, und All-Eins-Sein. Ich bin Licht. Ba Ra Sekhem.

Und die atlantischen Wege sind zu erleben. Ba Ra Sekhem: Geist, Bewusstsein, Lebenskraft und -fülle.

Kuthumi

Montag 28. Januar

Dienstag 29. Januar

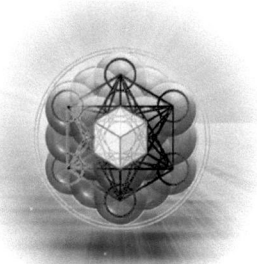

Geist, Bewusstsein, Lebenskraft und -fülle. Wir sind Ba Ra Sekhem.

Und die Engel und Erzengel heilen uns.
Wir erlösen uns aus allen „dunkel" geschöpften Realitäten, die unserem Licht und dem hohen Ba der Einheit nicht dienen.

Wir sprechen zum Beispiel:
Ich bin Licht, Liebe und Wille, ich bin Gott selber, und ich channel in der Reinheit des göttlichen Bewusstseins, ich bin, der ich bin.
Ich löse alle Verträge mit der Dunkelheit, ich bin Licht. Ich erlöse alle Eide, Bünde und Pakte, und ich bin Erzengel Michael.
Erlöse die Bünde und Treueeide, Erzengel Michael. Ich danke Dir von Herzen.
Spürt die Liebe Gottes, und seid, denn Ihr seid Licht.

Erzengel Michael

Mittwoch **30.** Januar

Donnerstag **31.** Januar

Wir sind Leben. Und wir manifestieren, dass wir Licht sind.
Wir sprechen:
Ba Ra Sekhem, und ich bin Licht.
Ich bitte Gott selber, mich zu erleuchten, und Erzengel Raziel, mein drittes Auge zu öffnen und zu klären.
Ich bitte Kuthumi, den Meister, mein Sein zu durchströmen. Ich bin Licht.
Der Meister heilt unser drittes Auge, und Erzengel Raziel wirkt. Und auch die Krone heilt.
Ba Ra Sekhem.
Und wir sind, die wir sind.
Ba Ra Sekhem.
Lasst dies wirken.
Und in der Einheit gibt es keine Trennungen.

Meister Kuthumi

Freitag **01.** Februar

Samstag **02.** Februar

Sonntag **03.** Februar

Erzengel Raphael, ich bitte Dich, heile mein physisches Sein, ich bitte Dich, mich mit göttlicher All-Liebe zu heilen und mein Sein zu klären.
Ich bitte dich, geliebter Erzengel Raphael, lass mich Deine Liebe spüren.
Ich bin Licht.
Ich bin Liebe, ich bin Wille, ich bin Gott selber, und ich manifestiere, dass ich Licht und Liebe bin, ägyptisch: Ba Ra Sekhem.
Und Erzengel Raphael, bitte heile auch mein limbisches System, meine DNA, mein ganzes physisches Sein erneut.
Bitte stelle meine göttliche Gesundheit wieder her.
Ich danke Dir von Herzen.

Spürt die Liebe Gottes, und Ihr seid Licht.

Erzengel Raphael

Montag 04. Januar

Dienstag 05. Januar

Spürt die Liebe Gottes in Eurem Herzen, und die Erzengel helfen.
Ich bitte Dich, Gott, lass mich Deine Liebe spüren, und von nun an jeden Tag erneut.
Ich bin Liebe, ich bin Wille, ich bin Weisheit, ich bin Gott selber. Und ich manifestiere aus dem höchsten Bewusstsein, dass ich Liebe bin.
Ba Ra Sekhem, und die Einheit stets in mir zu erleben. Und ich bin, der ich bin.
Ba Ra Sekhem.
Und ich bin Licht.
Ich danke Gott und den Engeln und Erzengeln von Herzen.

Kuthumi

Mittwoch **06.** Januar

Donnerstag **07.** Januar

Erzengel Metatron, ich bitte Dich, mich zu heilen, und ich bin Licht.
Lass mich Deine Liebe und Deinen Willen spüren.
Lass mich Deine Geometrie nutzen und damit heilen. Auch andere, wenn dies erlaubt ist.
Ich bin Liebe, ich bin Licht, ich bin Wille, ich bin Gott selber, und ich manifestiere aus dem höchsten Bewusstsein, jetzt, dass ich Liebe bin. Ich bin, der ich bin.
Ba Ra Sekhem, um dies ägyptisch zu sagen.
Ich bin Licht.

Erzengel Metatron & Kuthumi

Freitag **08.** Februar

Samstag **09.** Februar

Sonntag **10.** Februar

Geliebter Erzengel Metatron, heile mich erneut.
Ich bitte Dich in Liebe, mein Bewusstsein zu into-
nieren.
Ich bin Licht.
Ich bin Liebe, ich bin Gott selber, und ich mani-
festiere aus dem höchsten Bewusstsein, dass ich
Liebe bin.
Ba Ra Sekhem, ägyptisch, Geist/Hohe Seele/
Höchstes Selbst, Bewusstsein – Ra, Lebenskraft
und -fülle. Und ich bin Licht.

Lass mich Deine Liebe spüren, und ich bin Gott
selber.
Gott, ich danke Dir.

Erzengel Metatron

Montag 11. Januar

Dienstag 12. Januar

Lass mich fühlen, wie liebevoll ich bin, und ich bin Licht.
Gott, ich danke Dir.
Denn ich bin Licht.
Die Erzengel heilen mich, wenn ich darum bitte, und so dies Gottes Wille ist.
So kann Erzengel Raphael sehr viel Transzendenz bewirken, und den Ba der Einheit wieder herstellen. Wir können bitten:
Ich bitte Dich, geliebter Erzengel Raphael, erhöhe mein Sein. Verbinde mich mit Gott selber, und verbinde mich mit Deiner Kraft. Heile auch meinen Körper, und lass mich Deine Liebe spüren.
Ich bin Licht.
Es gibt keine Trennungen, auch im Körper nicht.
So sind wir Licht.

Erzengel Raphael

Mittwoch **13.** Januar

Donnerstag **14.** Januar

Erzengel Metatron, ich bitte Dich, geliebter Erzengel, verbinde mich mit Deiner Macht und Klarheit, und ich bin, der ich bin.
Ba Ra Sekhem.
Und die Macht Gottes wirkt in mir, ich bin Licht.
Die Macht Gottes, Geburah, Netzach, Binah, ist Klarheit, Wissen und Hellfühlen, Macht und Liebe zugleich, Heilung und Transzendenz.
Und wir sind Licht.
Ägyptisch: Ba Ra Sekhem.
Und die Anteile heilen, die in der Trennung waren.

Erzengel Metatron

Freitag **15.** Februar

Samstag **16.** Februar

Sonntag **17.** Februar

Erzengel Metatron, ich bitte Dich erneut, lass mich Deine Liebe spüren. Ich bitte Dich, geliebter Erzengel Sandalphon, erhöhe mein Sein.
Lass mich alle Lichtportale erschließen. Lass mich Gott selber dienen, und ich bin, der ich bin.
Ich danke Euch von Herzen. Und in Wahrheit bin ich Gott selber.
Und die Macht Gottes wirkt. Ba Ra Sekhem, ägyptisch, für reines Bewusstsein, Macht und Fülle im Leben und der Spiritualität.
Ich bin Licht, dies dürft Ihr sagen.
Ba Ra Sekhem. Und ich bin Licht. Ba Ra Sekhem.
Und die Macht Gottes wirkt.

Erzengel Metatron

Montag 18. Februar

Dienstag 19. Februar

Erzengel Metatron, ich rufe Dich, lass mich Deine Liebe spüren.
Ich bin Liebe, ich bin Licht, ich bin Wille, ich bin Weisheit, und ich manifestiere aus dem höchsten Bewusstsein, dass ich Liebe bin.
Ba Ra Sekhem, und ich bin Licht.

Gott, bitte erlaube mir nun, die Macht der Engel und Erzengel in mir zu spüren, und reine Transzendenz sei.
Ich heile alles, was nicht in der Liebe ist, denn ich bin Licht.

Erzengel Metatron

Mittwoch 20. Februar

Donnerstag 21. Februar

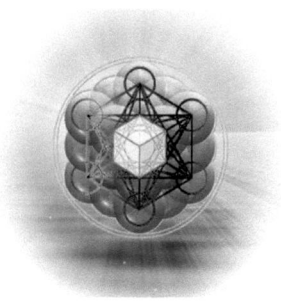

Erzengel Metatron, ich bitte dich, lass mich im Würfel Metatrons erwachen zum Licht.
Und ich bin in Wahrheit dieser Erzengel Metatron, und ich bin Licht.
Ägyptisch: Ba Ra Sekhem.

Und so weicht die Dunkelheit in mir, so dies Gottes Wille ist. Und ich bin Leben.
Ich bin Wille, ich bin Weisheit, ich bin Gott selber.
Ich manifestiere aus dem höchsten Bewusstsein, dass ich Liebe bin, und ich bin Licht.
Ba Ra Sekhem.

Lasst dies nachwirken.

Erzengel Metatron

Freitag 22. Februar

Samstag 23. Februar

Sonntag 24. Februar

Ich wirke im Licht der Einheit, dies dürft Ihr sagen.
Und ich bin, der ich bin.
Ich bin Licht.
Und ich lebe im Licht der Einheit. Dies meint, ich
bin Leben und Gott wirkt.
Ich bin Licht.
Ba Ra Sekhem, ägyptisch, und die Anteile heilen.
Und wir leben, lieben, atmen und tanzen im Licht.

Erzengel Metatron

Montag 25. Februar

Dienstag 26. Februar

Wir sind Licht, und im Licht gibt es keine Trennungen. So leben wir im Licht, und wir sind Leben.
Erzengel Metatron wirkt und auch Erzengel Raphael. Sie heilen Euer Sein.
Und sie sind unendliche Liebe und Gnade.
Spürt die Liebe der Engel, und Ihr seid Licht.
Ihr seid Leben.
Ba Ra Sekhem, für ägyptisch: Lebenskraft und Eins-Sein. Wir sind Licht. Ba Ra Sekhem, und die Anteile in uns heilen.

Erzengel Metatron & Erzengel Raphael

Mittwoch 27. Februar

Donnerstag 28. Februar

Erzengel Sandalphon, ich rufe Dich. Bitte heile meine Trennungen. Ich bitte Dich, lass mich Deine Liebe spüren, und ich bitte Dich um Liebe und Frieden im Herzen. Lass mich Liebe sein.

Lasst dies wirken und spürt die Liebe des Engels.

Sandalphon und Metatron

Freitag **01.** März

Samstag **02.** März

Sonntag **03.** März

Erzengel Raphael, ich bitte Dich erneut, mich zu heilen.
Lass mich wissen, wie liebevoll Du bist, und die lichtvolle geistige Welt.
Ich bin Leben, ich bin Licht, und ich bin Wille, und ich manifestiere, aus dem höchsten Bewusstsein, dass ich Liebe bin.

Ägyptisch: Ba Ra Sekhem.
Und wir lösen den Ka der Trennung in uns.
Wir sind, die wir sind. Ba Ra Sekhem.

Erzengel Raphael

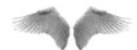

Montag **04.** März   Rosenmontag

Dienstag **05.** März

Erzengel Sandalphon, ich rufe Dich. Bitte spüre, wie liebevoll ich bin, und lass mich erfahren, wie göttliche All-Liebe wirkt.
Wo habe ich Blockaden?
Dann bitte ich Dich, diese Blockaden zu lösen, und mich heil sein zu lassen.
Ich danke Dir von Herzen, geliebter Erzengel Sandalphon.

Erzengel Sandalphon & Kuthumi

Mittwoch **06.** März

Donnerstag **07.** März

Gott lenkt, und wir sind die Erde.
Wir sind Licht, Liebe, Wille, und die Weisheit Gottes, und wir sind Licht.
Gott liebt uns unendlich.
Und wir lieben Gott. Und wir sind Leben.
Die reine Gnade Gottes fließt ein. Und so sind wir Leben. Spürt die Liebe Gottes, und die Engel sind wir selber. Wir sind, die wir sind.
Lassen wir uns von Gott heilen, und wir sind Licht. Und unsere Zellen leuchten. Und wir sind Licht.
Danke Gott von Herzen, der wir in Wahrheit sind.

Gott & Kuthumi

Freitag **08.** März

Samstag **09.** März

Sonntag **10.** März

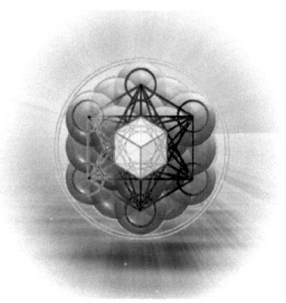

Wir heilen im Licht der Einheit.
Wir sind, die wir sind. Und wir sind Licht.
Spüren wir die heilige Geometrie, sie leuchtet und wirkt in uns.
Gott ist unendliche Liebe und Gnade, und er oder sie ist weder weiblich noch männlich, sie ist Licht unendliche Gnade und Fülle, und reine Transzendenz.
So sind unsere Lernthemen Licht. Wir bitten Gott zu Hilfe. Und Erzengel Metatron erhellt die heiligen Geometrien. Wir sind Licht. Und wir sagen: Ba Ra Sekhem. Uns zu erhöhen ist eine Kunst. Und diese Gnade wird uns zuteil, wenn wir aufsteigen. Dies ist Atlantis, und es heilt. Und der Ba heilt. Die heilige Barke leuchtet, und die Einheit ist. Ba Ra Sekhem.

Erzengel Metatron

Montag 11. März

Dienstag 12. März

Wir sind, die wir sind.
Dies heißt: Wir sind Licht.
Wir sind aus Licht geboren.
Und die Einheit ist in uns.
Spüren wir die Liebe Gottes, und wir sind, die wir
sind.
So können Engel & Erzengel, aufgestiegene Meis-
ter uns heilen, wenn sie wollen. Und sie sind Licht.
Unsere hohe Seele heilt, und wir sind Gott selber.
Ba Ra Sekhem. Und wir sind Gott selber.

Kuthumi
Gott selber

Mittwoch **13.** März

Donnerstag **14.** März

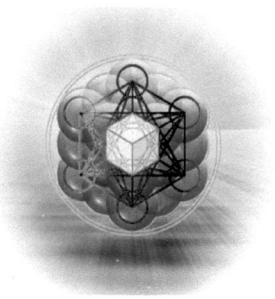

Gott heilt, und heilt, und Ihr seid Licht.
Ihr lebt im Licht der Einheit, die Anteile in Euch
heilen. Die Engel und Erzengel reichen Euch die
Hand, Ihr seid Licht.
Seid, und die Engel helfen.
Spürt Eure Lernthemen, und Eure Krone heilt.
Löst sie mit Hilfe der Engel, und Ihr seid Licht.
Bittet sie, zum Beispiel Erzengel Metatron.
Und Ihr wisset, dass Ihr immer Licht seid.
Ihr könnt sprechen:

Bitte, geliebter Erzengel Metatron, heile meine
Krone und meine Chakren. Ich bin Licht und liebe
Dich.
Gott liebt Euch unendlich, spürt seine oder ihre
Liebe, und Ihr heilt.

Metatron & Jesus Sananda

Freitag **15.** März

Samstag **16.** März

Sonntag **17.** März

Jesus Sananda ist unendliche Liebe & Gnade. Er ist ein aufgestiegener Meister, der uns die Liebe lehrt. Spürt die Liebe Gottes, und Jesus heilt uns.

Jesus ist Licht und Liebe, und er heilt unser Herz, wenn er soll.

Spürt die Liebe Jesus, und sein Herz öffnet sich für unser Sein. Spürt die Liebe, die er ist. Und Ihr seid Licht.

Er fühlt den Schmerz, den wir, häufig aus der Kindheit in uns tragen. Und wir können ihm das Herz in die Hand geben. Und wir heilen. Lasst dies zu. Und wir sind Licht.

Und tiefe Liebe und Demut wirken in Euch.

Ihr seid, die Ihr seid. Und die Distanz zwischen Mensch und Jesus ist häufig im Herzen. Und dennoch bitten wir in Licht und Liebe zu sein und zu leben, und wir sind heil. Denn Gott ist, und so sind wir Licht und spüren Jesus, der uns begleitet.

Metatron & Jesus Sananda

Montag **18.** März

Dienstag **19.** März

Wir sind Licht – und darum sprechen wir:
Ich bitte Dich, Gott, offenbare mir die Schwingung der Einheit in mir. Ich bin Licht.
Lass mich Liebe sein. Offenbare mir, wie ich aus dieser Einheit heraus wirken und manifestieren kann.
Bitte erlaube mir dies:

Ich verbinde mein höchstes Bewusstsein mit dem „niedrigsten", dem materiellen. Oben wie unten, innen wie außen.
Ich bin auf allen Instanzen anwesend, und ich manifestiere, dass ich von nun an aus diesem Bewusstsein wirken kann.
Bitte erlaube mir, meine Kraft nun einzusetzen um eine Manifestation aus dem hohen Liebesbewusstsein zu tätigen, das ich bin.

Ich manifestiere, dass ich nunmehr die Seelenverschmelzung vornehme und durch diese Verbindung des Höchsten mit dem Niedrigsten meine Manifestationsenergie auf allen Instanzen zur Wirkung bringe.
So sei es. So ist es.

Gott selber

Mittwoch 20. März

Donnerstag 21. März

*Spürt die Liebe Gottes, und die Anteile in Euch
sind heil.
Wir sind Licht. Und wir sind, die wir sind.
Und alle „frühkindlichen Bindungsstörungen"
sind Illusionen.
Sprecht dies drei mal oder mehrfach:
Alle „frühkindlichen Bindungsstörungen" sind
Illusionen. Ba Ra Sekhem.
Und wir sind Licht.
Ba Ra Sekhem. Und Gott heilt.
Er oder sie ist weder männlich noch weiblich.
Und wir heilen in Licht der Einheit.
Ba Ra Sekhem.*

Gott selber

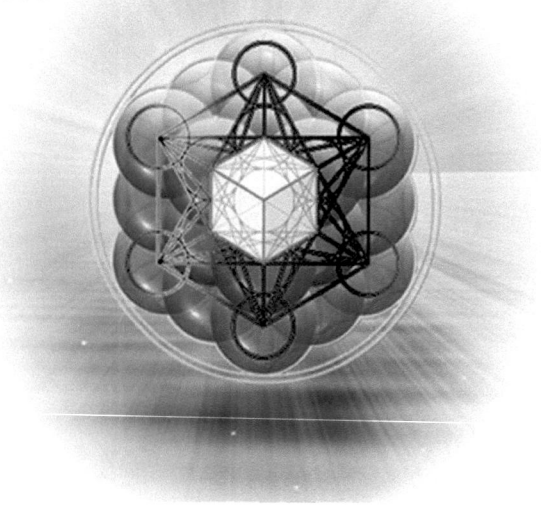

Freitag **22.** März

Samstag **23.** März

Sonntag **24.** März

*Wir sind Licht und Leben, und Gott heilt. Wir
sind Leben. Und wir spüren die Liebe Gottes.
Und Gott heilt. Alles ist Licht, und die Erde heilt.
Wir sind, die wir sind.
Und wir sind Leben, ägyptisch: Ba Ra Sekhem.
Und Gott ist.*

Gott selber

Montag **25.** März

Dienstag **26.** März

Seid, und Ihr seid Licht.
Ägyptisch: Ba Ra Sekhem. Und alle Anteile heilen und die heilige Barke leuchtet, und Ihr seid, die Ihr seid.
Ba Ra Sekhem.
Und Gott reicht Euch die Hand, und Ihr seid, die Ihr seid.
Merlin, Metatron, Kuthumi sind hier, um Euch zu helfen, wenn Ihr dies wünscht. So sprechet weise:
Ich bin Licht, Liebe, ich bin Wille und Weisheit und ich diene Gott und dem Licht.
Ba Ra Sekhem, um dies zu betonen.
Und Ihr seid, die Ihr seid.

Merlin

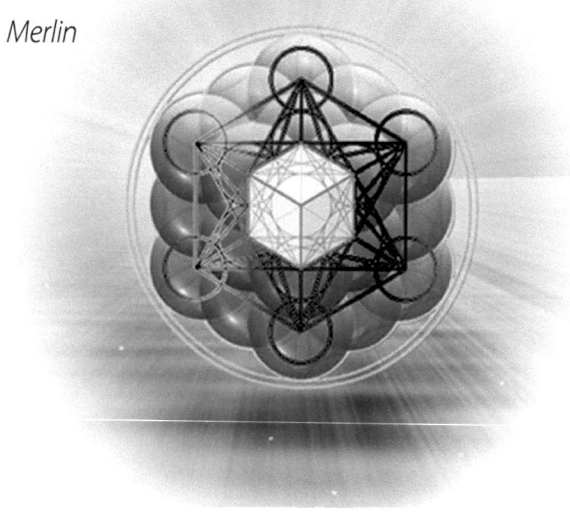

Mittwoch 27. März

Donnerstag 28. März

Spürt die Liebe der Seele, die Ihr in Wahrheit seid, und lasst Euch ganz fallen in die Arme Gottes. Alles ist Licht und dient dem Ziel des Wachsens und Reifens. Ihr seid, die Ihr seid. Ba Ra Sekhem, um dies ägyptisch zu betonen. Lasst dies wirken und Metatron reicht Euch die Hand. Ba Ra Sekhem.

Metatron

Freitag **29.** März

Samstag **30.** März

Sonntag **31.** März   Beginn der Sommerzeit

*Wir sind Licht, und wir heilen im Licht der Einheit,
die wir in Wahrheit nie verließen. So öffnen wir die
Tore zum Himmel in uns, damit wir aufsteigen,
und Gott reicht uns die Hand, wir sind Licht. Ba
Ra Sekhem. Und die Anteile in uns heilen, und wir
steigen „in den Himmel". Dies sind die Dimensi-
onen der höchsten Reiche in uns selbst, die Gott
einst schuf, damit wir die Erlebnisse der Dualität
überhaupt erzeugen konnten. So lebt sich das
Höchste Selbst in uns und den „Armen", den
Seelen, und wir ziehen uns zur Einheit zurück, die
wir nie verließen, und so sind wir, die wir sind. Gott
lenkt und wir fallen in die Arme Gottes, der uns
unendlich liebt. So sind wir Licht und aus Licht
geboren. Wir sind Licht.
Ba Ra Sekhem, und wir heilen im Licht der Einheit.
Ba Ra Sekhem.*

Merlin

Montag 01. April

Dienstag 02. April

Dankbarkeit ist ein wunderbare Energie.
Sie erzeugt Liebe (zum Sein). Und so danken wir
den Engeln und Erzengeln und Gott selber. Wir
sind Licht. So danken wir erneut, und wir sind
Licht.
Gott heilt, und wir sind Leben.

Gott

Mittwoch 03. April

Donnerstag 04. April

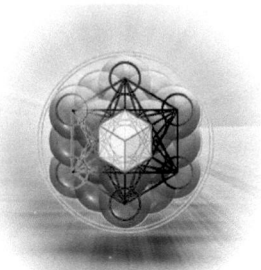

Folgende „Bilder" / Methoden stammen aus der so genannten kathymen Therapie (auf die Gefühle bezogen). Hier werden zwei Bilder vorgestellt. Wir können sie in Verbindung mit Gott und den Engeln und Erzengeln nutzen, um uns selbst zu klären und innerpsychisch auch zu heilen. Sie sind aus dem Workshop-Buch: Heilen mit der Kraft innerer Bilder. *Ein paar sind hier abgedruckt, um den Zugang zu dieser Form der Heilung zu erleichtern. Auch hier gilt, dass Gott lenkt, und wir Traumen und innere Muster klären und aufweichen, um uns selbst besser zu leben im Licht der Einheit.*

Zum Umgang mit den Bildern, die zum Beispiel zur Selbstüberprüfung dienen und Hürden in uns aufweichen:

Wir spüren das Bild, wissen oft intuitiv, worum es hierbei geht, und schauen, wie wir mit einem Bild umgehen. Tritt zu uns etwas „Düsteres", dann bitten wir Gott und die Engel um Hilfe.

Spüren wir Erleichterung, dann sind wir heil und können dies Bild in Gänze heilen. Sowohl im zwischenmenschlichen Bereich werden wir nahbarer als auch im Umgang mit uns selber.

Freitag 05. April

Samstag 06. April

Sonntag 07. April

Stellen Sie sich ein Wiese vor und spüren hinein.

Wie fühlen Sie sich? Sie gibt Auskunft über den „Gemütszustand", den wir selbst oder Klienten zur Zeit besitzen. So können wir nun Die Engel um Hilfe bitten, um das „Bild" (und unser Gemüt zu heilen).
Zu uns tritt ein Engel, es ist der Erzengel Gabriel.

Der Engel möchte, dass wir uns ganz dem Licht öffnen. Und wir bitten ihn um Heilung.
Wir sind reiner Kanal.
Wir spüren die Liebe Gottes, und sie heilt.
Spüren wir Erleichterung?
Dann ändert sich meist auch das Bild, das wir betrachtet hatten. Betreten wir sie öfter, die Wiese, und wir danken Gott und den Engeln.
Das nächste Bild kann ein Vulkan sein:

Montag 08. April

Dienstag 09. April

16. Der Vulkan

Der Vulkan besitzt das Phänomen, zu den absolut tiefsten Schichten eine Verbindung zu haben. Seine symbolische Bedeutung liegt im Freiwerden von extrem aggressiven Impulsen. Deshalb wird er zum Abreagieren von starken aggressiven Impulsen verwendet. Dadurch können die inneren aggressiven Erregungen – meistens extreme Wut – abreagiert und abgebaut werden. Der Klient rastet aus. Beim Einsatz dieser Therapiemöglichkeit entstehen beim Klienten keinerlei Schuldgefühle. Und er kann alles, was ihn wütend macht, in den Krater werfen. Dabei spielt es keine Rolle, ob dies Sachen sind oder Tiere, Symbolgestalten oder auch Menschen, die er abgrundtief hasst. Der Hass verfliegt und der Vulkan erlischt. So besteht jetzt wieder die Möglichkeit, normal weiter zu arbeiten. Beim Sumpfloch, dem Meer und dem Vulkan wird fast der gesamte Abwehrmechanismus unterwandert und außer Kraft gesetzt. Deshalb kann es hierbei auch zu heftigsten Reaktionen kommen.

Mittwoch **10.** April

Donnerstag **11.** April

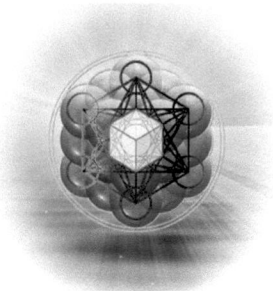

Spüren wir hinein und lassen alle Wut und Traurigkeit los. Hierzu hilft es, auch unser Gottesbild zu heilen.

Gott, bitte löse alle übernommenen Glaubenssätze, die ich selbst manchmal nicht erkenne. Lass mich Deine Liebe spüren, und heile mein inneres Kind erneut. Ich bin Licht. Lass mich alle „Psychosen", „Neurosen" bei mir spüren und wahrnehmen. Lass mich in tiefer Liebe und Demut ausschließlich dem Licht und Gott, also Dir selber dienen. Ich bin, der ich bin. Und ich bin Licht.

Alle Psychosen sind Illusionen, alle Bindungsstörungen sind Illusionen, alle Neurosen sind Licht. Die Dunkelheit geht, und wir sind, die wir sind.
Wir leben Bezogenheit und Liebe, und die Liebe Gottes heilt. Und wir sind Licht.
Fühlen wir uns frei und geborgen?
Fühlen wir uns geliebt von Gott?
Wir stellen uns einmal Gott als Bild vor.
Wie sieht dies Bild aus?
Was sehen wir?
Ist Gott ein Mann? Oder eine Frau?
Ist sie oder er liebevoll, gütig, oder zornig, streng?
Spüren wir seine/ihre Liebe?

Freitag **12.** April

Samstag **13.** April

Sonntag **14.** April

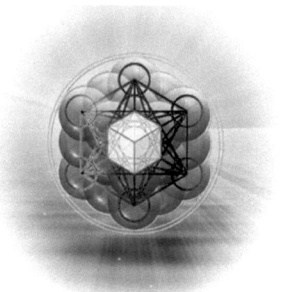

Spüren wir erneut. Wie heilt es?
Durch Gott selber, der wir in Wahrheit sind.
Unser Gottesbild heilt.
Wir bitten Gott in tiefer Liebe und Demut um Frieden,
Glück, und Zufriedenheit, und dann sind wir dies: Liebe
und Frieden. Spürt die Liebe Gottes und sie heilt.
Dann sind wir rein und heil. Wir sind, die wir sind.
Alle Trennungen gehen in uns, alle Traurigkeit, auch die
übernommene, weicht, und wir sind Glück und Frieden.
Wir könnten auch sagen, dass wir die Elementale (die
wiederkehrenden Gedankenmuster, die „dunkel", abge-
trennt, nicht in der Fülle und Angst oder Neurose sind)
ablegen.
Gott, bitte lösche alle Elementale in mir.
Und wir sind Licht.
Spürt die Liebe Gottes und sie heilt erneut.
Ist unser Gottesbild nun geheilt und in Freude?
Spüren wir die Liebe, die wir in Wahrheit sind?
Und unsere Elementale weichen.
Wir sind Licht.
Wir danken den Engeln und Erzengeln und Gott selber,
den aufgestiegenen Meisterinnen und Meistern und wir
sind Licht.

Montag 15. April

Dienstag 16. April

Aufgestiegene
Meister

wie Kuthumi, Serapis Bey, Merlin, St. Germain, Lady Nada, Jesus Sananda, Kuan Yin, helfen uns, wenn wir sie darum bitten. Und so bitten wir um die Unterstützung der Meister.
Meister Kuthumi, bitte heile mein Herz, kann eine Bitte lauten. Es wird lichtvoller, wenn Gottes Wille geschehe.
Diese Karte kann ein wahrer Segen sein.

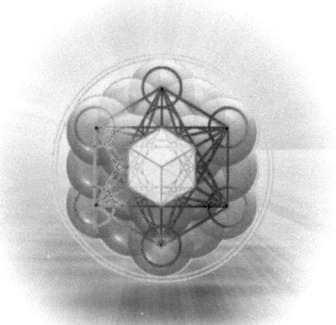

www.christian-huels.de

Mittwoch 17. April

Donnerstag 18. April

Echte Tiefenpsychologie meint, dass wir die Schrecken der Kindheit in uns verarbeiten und an die Urwunde allen Seins gelangen. Sie meint, Mangel und Gefühle der Abtrennung ertragen zu müssen. Aber sie ist Licht, wenn dies Gottes Wille ist, und so bitten wir um Heilung unsere Transzendenz.

Und ich bin Licht, dies dürfen wir sagen.
Und Gott ist unendliche Liebe und Gnade.
Und so sind wir Licht.
Wir spüren die Liebe Gottes, und sie heilt die Urwunde in der Kindheit bereits.
Und wir spüren dies.

Namasté.

Freitag **19.** April   Karfreitag

Samstag **20.** April

Sonntag **21.** April   Ostern

Heiler im Herzen

wie die aufgestiegenen Meister, Jesus Christus Sananda zum Beispiel, sind Vorbilder und helfen. Sie heilen Dein Herz, denn Du bist ein Heiler.
Ägyptisch: Ba Ra Sekhem.
Und die Liebe Gottes heilt.
Sie heilt die Herzen und das Gehirn.
Und wir sind Licht.
Wir sprechen:
Ba Ra Sekhem. Und wir sind Licht.
Gott ist, und wir sprechen: *Ich bin, der ich bin.*
Ba Ra Sekhem.

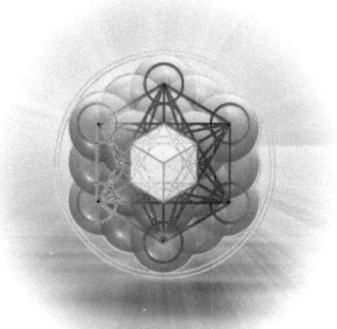

www.christian-huels.de

Montag 22. April   Ostermontag

Dienstag 23. April

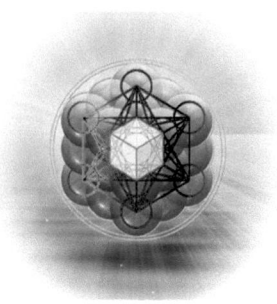

Gott heilt, und wir sind Licht.
Wir dürfen Gott danken und Gott ist.
Gott heilt die Krone am Baum des Lebens, und
wir sind Licht.
Ba Ra Sekhem.

Merlin & Kuthumi

Mittwoch 24. April

Donnerstag 25. April

Euer Seelenatem heilt.
Und Ihr seid Licht.
Ba Ra Sekhem.

Freitag **19.** April

Samstag **20.** April

Sonntag **21.** April   Ostern

Lassen Sie sich ganz fallen in die Arme Ihrer Seele und fühlen Sie die Liebe Gottes, der wir in Wahrheit sind.
Spüren Sie hinein, und Sie sind, die sind.
Was nehmen Sie wahr?
Spüren Sie, wie liebevoll Gott und die Seele sind?
Spüren Sie, wie sehr Gott sie liebt.
Er oder sie, der wir in Wahrheit sind, er liebt sie unendlich.
Fühlen Sie die All-Macht Gottes, denn er ist unendlcihe Gnade, und er lässt uns heilen.
Spüren Sie die Heilung und die Resonanz, die Gott ist.
Wenn Sie nun darum bitten, dass Sie Gott erhöht, wird Ihnen die Erde zuteil, die Sie bereits jetzt in der Lage sind zu erchanneln, so der Begriff. Sie können Gott bitten, Ihnen Ihr Karma zu erlassen, dass in Wahrheit eine Illusion ist.
Spüren Sie, wie liebevoll die Bitte beantwortet wird.
Sie sind Licht und Leben und Gott heilt.

Montag **29.** April

Dienstag **30.** April

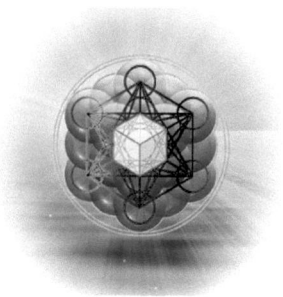

Bitte sprechen Sie ganz liebevoll:
Ich bin Licht, ich bin Liebe, ich bin Wille und ich
bin Gott selber. Ich erlaube dies, denn ich bin
Licht.
Ich bin Gott selber, und die Meister Kuthumi, St.
Germain, Lady Nada, die Göttin Isis, die Gottheit
Seth, sowie Thoth, den Licht-Horus, sie bitte ich,
mich zu heilen.
Ba Ra Sekhem.
Und ich bin Licht.
Ba Ra Sekhem.

Ich danke Gott von ganzem Herzen, denn ich
bin, der oder die ich bin.

Mittwoch **01.** Mai   Tag der Arbeit

Donnerstag **02.** Mai

Wenn wir „aufsteigen", erfahren wir Erlebnisse, die wir in der „Normalität" unseres bisherigen Lebens und Alltags nicht in der Weise gespürt hatten. Wir werden hellsichtig, klarsichtig, hellfühlig und -hörig. Wir erleben die göttliche Quelle, und sprechen aus weiser Perspektive aus der Quelle, durchgegeben von ihr, Worte der Heilung & Transzendenz.

Ein Beispiel:

Ich bin das Ich-Bin-Bewusstsein und ich erlaube mir zu channeln in der Reinheit des göttlichen Bewusstseins. Alle Trennungen gehen, alle Treueeide gehen, denn ich bin, der ich bin.

Und wenn ich mich ganz Gott öffne, dann klärt sich der Ba der Trennung (ägyptisch für hohe Seele) zur Einheit erneut, denn wir sind Leben.

Und alle Anteile in uns heilen und auch unsere Verletzungen des Fühlens, des Wahrhabens ziehen sich zu reiner Transzendenz zurück – wir heilen alles in uns. Denn wir sind, die wir sind.

Und dann kann der Ba der Trennung in die Einheit, den Aufstieg gehoben werden.

Freitag 03. Mai

Samstag 04. Mai

Sonntag 05. Mai

Und Gott und Amun Ra sprechen erneut:
Wir sind Leben, wir sind, die wir sind.
Und wir erlauben uns selber zu leben, lieben, lachen im Licht der Einheit, die wir in Wahrheit sind und nie verließen. Wir sind Leben.
Ankh – ägyptisch: Und der Sonnengott erleuchtet unser Gehirn.
Ba Ra Sekhem (Amun, ich bitte Dich meinen Geist, mein hohes Selbst von nun an nur Licht, Liebe, Leben und Fülle in mir erleben zu lassen.)
Und reine Transzendenz sieht dies vor.
So seid, und Ihr seid, die Ihr seid.
Ägyptisch: Ba Ra Sekhem – und Ankh (=Leben).
Und Amun Ra lässt die Sonnenbarke leuchten.
Und der ägyptische Gott der Weisheit – Thoth lässt den göttlichen Menschen in uns erblühen.
Und wir bitten ägyptisch (oder deutsch: Nuk hekau, nuk hekau, nuk hekau = Ich bin Macht, und ich lasse alle Dunkelheit los, ich vertreibe alle Dunkelheit erneut). Ba Ra Sekhem, und der Ka (der Lichtkörper der Trennung), er weicht.
Wir sind Licht, reines Bewusstsein und unser Körper heilt erneut, denn wir sind Licht=Leben.
Und die Schlange des Lichtes heilt, sie ist unendliche Gnade und „Führung" für den Lichtmenschen in uns.

Montag **06.** Mai

Dienstag **07.** Mai

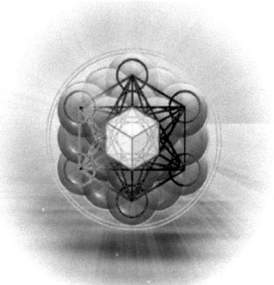

Und die Welt heilt, wenn wir Amun darum bitten.
Wir können auch Gott und Amun Ra darum gleichzeitig
bitten, denn sie sind in einem All der Dualitäten eins. Und
so wir. So bitten wir um Heilung, Transzendenz, Macht
und Schwingungserhöhung.
Erlaubnis erteilt, denn Gott ist allmächtig. Und so sind
wir erleuchtet, wenn wir dies zulassen und wünschen,
denn wir sind Licht.
Und die heilige Barke leuchtet und löst Trennungen und
Verletzungen in uns und in der Welt, die unser Bewusst-
sein vorhält. Dies heißt, wir können diese Welt durch
unser Bewusstsein heilen.
Und wir sind Ba Ra Sekhem, und auch die Tiere heilen
mit uns.
Ba Ra Sekhem, sie sind Licht, wie wir. Ba Ra Sekhem.
Lasst Euch fallen in die Arme Eurer Seele und seid, und Ihr
seid, die Ihr seid.
Ba Ra Sekhem.

Mittwoch **08.** Mai

Donnerstag **09.** Mai

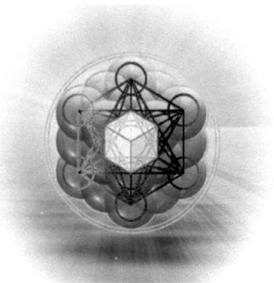

Wir alle sind Gott, und dies ist keine „Anmaßung", denn das All ist eins, es ist Glanz, Licht und Liebe. Es reagiert auf unsere Sorgen, Ängste und Nöte, wie auf unsere Freude und unser Glück. Wir sind alle miteinander Gott selber. So spricht Gott durch mich und andere Medien und spricht mit sich selber – er redet zu Herzen, zum Verstand und „nutzt" unsere Hände, unsere Ohren und Beine, unsere Münder und Körper, denn wir sind alle Gott selber. Gott spricht durch die Engel und Erzengel, damit dies Spiel die Würde und Tiefe erlangt, die wir ihm geben. Und wir sind in Wahrheit ständig mit allem verbunden. Und so steigen wir selber, wenn wir uns ganz dem Aufstieg widmen. Wir sind Gott selber. So spielen wir oft „Theater" vor anderen, ohne zu wissen, dass die Seelen, die bereits sehr hoch schwingen, dies Schauspiel klar erkennen und „ausnützen", um uns unsere Lernthemen zu spiegeln, denn wir ernten, was wir säen. So unter anderem unsere vielleicht auch negativen Energien, die wir dem anderen (Gott selber) senden. Gott spricht mit sich selbst, wenn er sich in seinen Unterscheidungen erlebt, und so fühlt er oder sie, wie es ist, ein Mensch zu sein, ein Verstand, ein Gedächtnis, darauf zu fußen, darauf beruhend Entscheidungen zu treffen, sich selbst ganz zu lieben – und am anderen Pol der Dualitäten sich aufzugeben oder gar zu hassen.

Freitag 10. Mai

Samstag 11. Mai

Sonntag 12. Mai   Muttertag

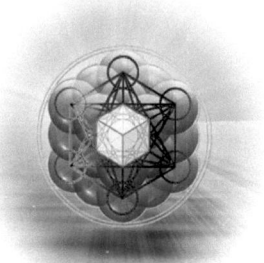

Es ist ein Wimpernschlag im All der Dualitäten, das Leben zu spüren. Es ist dennoch für uns manches mal „anstrengend" oder scheinbar mit Hindernissen verbunden. Wie kann dies sein, da wir Gott selbst sind?

Wir sind, die wir sind. Und Gott entscheidet durch den karmischen Rat, der auf tiefer Ebene eine Illusion ist, wer wann auf der höchsten Schöpfungsinstanz entscheidet. So wird einigen Menschen erst nach und nach das „Tuch der Trennung" weggezogen, das dies Spiel in Gang hält. Hierbei schöpfen wir durch Aufstiegsprozesse unser Leben mit. Denn aus höchster Perspektive sind wir reines Bewusstsein. Und wir lösen alle Trennungen in uns, wenn wir Gott und den Schöpfer aller Universen und mehr, die höchste Schöpfungsinstanz, darum bitten, den Aufstieg in uns zu beschleunigen. Und dies dürft Ihr tun.

Bittet ganz im Vertrauen:

Gott erlaube mir, mein altes Karma abzustreifen wie ein altes Gewand und von nun an mitzuwirken an Deiner Schöpfung, denn sie ist unendliche Liebe und Gnade, und bitte lass mich aufsteigen in mein hohes Bewusstsein der Einheit.

Denn dann gehen die Trennungen.

Und wir sind Licht=Liebe und Leben.

Ägyptisch: Ba Ra Sekhem.

Und ich erlaube mir selber, Aufstieg zu sein.

Ich transzendiere alle Gewänder der Dunkelheit in mir, und ich bin Licht.

Montag **13.** Mai

Dienstag **14.** Mai

Ba Ra Sekhem.
Und die alten Gewänder gehen, reines Bewusstsein ist.
Ba Ra Sekhem.
Wir sind Licht.
Und ich erlaube mir selbst, reiner Kanal zu sein (für Gott selber, der ich in Wahrheit bin).
Und Gott spricht erneut: Ihr seid, die Ihr seid.
Und Ihr seid Leben.
Und Eure Anteile heilen, und ich bin Licht.
Spürt die Liebe Gottes, und Ihr heilt im Licht der Einheit.
Und ich bin Leben.
Und höchstes Schöpfungswissen.
Und ich erlaube allen Blaupausen zu weichen, und in Euch ist Licht = Leben.
Und wir sind Leben.
Ba Ra Sekhem.
Merlin, der aufgestiegene Meister reicht Euch die Hand.
Und ebenso Kuthumi. Maha Chohan – der goldene Strahl leuchtet.
Und die Weisheit und das Wissen des All-Einen, es wird Euch zuteil, wenn Ihr aufsteigt.
Und ich bin, der ich bin.

Mittwoch **15.** Mai

Donnerstag **16.** Mai

Und wir sind ewig Gott selber, wir sind Licht, und die Erde ist ein altes Gebilde, sie zu erleben heißt, sich dem Mysterium ganz zu widmen (in der Reinform und in allen Bereichen).

Namasté.

Freitag **17.** Mai

Samstag **18.** Mai

Sonntag **19.** Mai

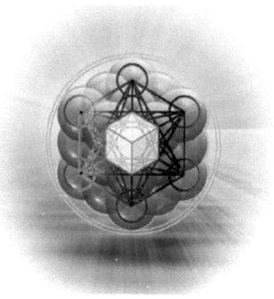

Goldenes Atlantis

Zu Zeiten von Altantis war die Einheit in uns selbst zu erleben. Das heißt, wir waren mit Gott in uns stark verunden, wir spürten das Höchste Selbst, und verkörperten Eins-Sein. Die Liebe zu Gott war unermesslich. Wir können dies spüren, sobald wir Gott bitten, unser drittes Auge zu öffnen. Wenn wir darüber meditieren, spüren wir die Liebe Gottes, spüren wir die Reinheit unseres dritten Auges und spüren Atlantis, das in uns wieder entstehen möchte. Dazu dient diese Affirmation: Gott, bitte lasse das goldene Atlantis in mir entstehen. Denn ich bin Licht. Spüren wir erneut, wo wir die Lernthemen in dieser Inkarnation haben und erleben. Gott heilt, und wir sind, die wir sind. Wir spüren die Liebe Gottes und die Affirmation wirkt – auch im dritten Auge, auch in den höchsten Chakren. Spüren Sie, welchen Sanftmut das wahre Atlantis beinhaltet. Es entstehe aufs Neue. Namasté.

Montag 20. Mai

Dienstag 21. Mai

Mittwoch **22.** Mai

Donnerstag **23.** Mai

Freitag 24. Mai

Samstag 25. Mai

Sonntag 26. Mai

Montag 27. Mai

Dienstag 28. Mai

Mittwoch **29.** Mai

Donnerstag **30.** Mai   Himmelfahrt

Freitag **31.** Mai

Samstag **01.** Juni

Sonntag **02.** Juni

Montag 03. Juni

Dienstag 04. Juni

Mittwoch **05.** Juni

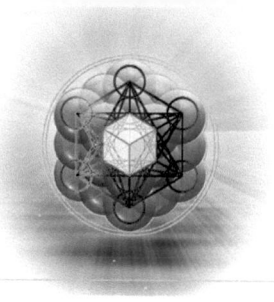

Donnerstag **06.** Juni

Freitag 07. Juni

Samstag 08. Juni

Sonntag 09. Juni   Pfingsten

Montag **10.** Juni   Pfingstmontag

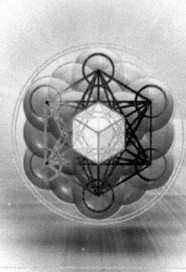

Dienstag **11.** Juni

Mittwoch 12. Juni

Donnerstag 13. Juni

Freitag **14.** Juni

Samstag **15.** Juni

Sonntag **16.** Juni

Montag 17. Juni

Dienstag 18. Juni

Mittwoch **19.** Juni

Donnerstag **20.** Juni   Fronleichnam

Freitag **21.** Juni

Samstag **22.** Juni

Sonntag **23.** Juni

Montag **24.** Juni

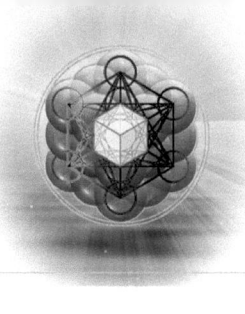

Dienstag **25.** Juni

Mittwoch **26.** Juni

Donnerstag **27.** Juni

Freitag **28.** Juni

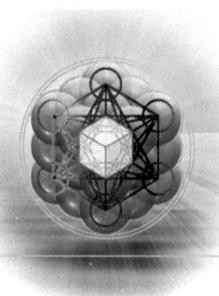

Samstag **29.** Juni

Sonntag **30.** Juni

Montag 01. Juli

Dienstag 02. Juli

Mittwoch **03.** Juli

Donnerstag **04.** Juli

Freitag **05.** Juli

Samstag **06.** Juli

Sonntag **07.** Juli

Montag **08.** Juli

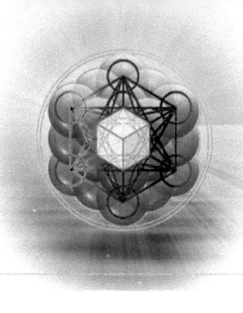

Dienstag **09.** Juli

Mittwoch **10.** Juli

Donnerstag **11.** Juli

Freitag **12.** Juli

Samstag **13.** Juli

Sonntag **14.** Juli

Montag 15. Juli

Dienstag 16. Juli

Mittwoch **17.** Juli

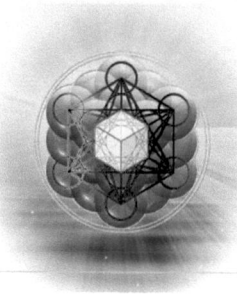

Donnerstag **18.** Juli

Freitag **19.** Juli

Samstag **20.** Juli

Sonntag **21.** Juli

Montag 22. Juli

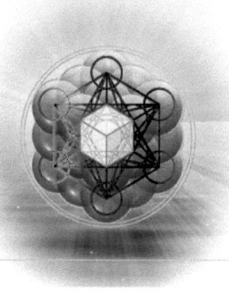

Dienstag 23. Juli

Mittwoch 24. Juli

Donnerstag 25. Juli

Freitag **26.** Juli

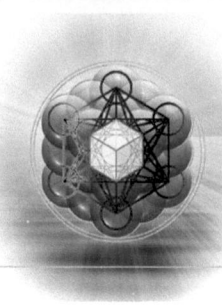

Samstag **27.** Juli

Sonntag **28.** Juli

Montag 29. Juli

Dienstag 30. Juli

Mittwoch **31.** Juli

Donnerstag **01.** August

Freitag 02. August

Samstag 03. August

Sonntag 04. August

Montag **05.** August

Dienstag **06.** August

Mittwoch **07.** August

Donnerstag **08.** August

Freitag **09.** August

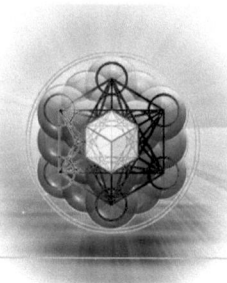

Samstag **10.** August

Sonntag **11.** August

Montag 12. August

Dienstag 13. August

Mittwoch **14.** August

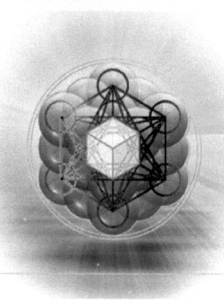

Donnerstag **15.** August

Freitag **16.** August

Samstag **17.** August

Sonntag **18.** August

Montag **19.** August

Dienstag **20.** August

Mittwoch 21. August

Donnerstag 22. August

Freitag **23.** August

Samstag **24.** August

Sonntag **25.** August

Montag 26. August

Dienstag 27. August

Mittwoch **28.** August

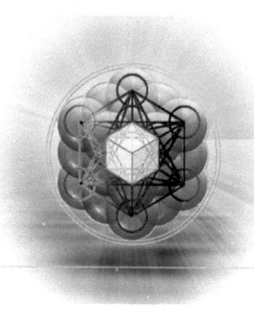

Donnerstag **29.** August

Freitag **30.** August

Samstag **31.** August

Sonntag **01.** September

Montag 02. September

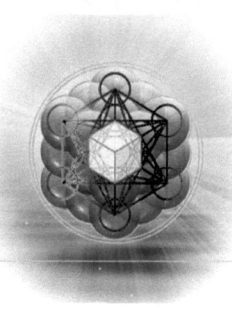

Dienstag 03. September

Mittwoch **04.** September

Donnerstag **05.** September

Freitag **06.** September

Samstag **07.** September

Sonntag **08.** September

Montag 09. September

Dienstag 10. September

Mittwoch 11. September

Donnerstag 12. September

Freitag 13. September

Samstag 14. September

Sonntag 15. September

Montag **16.** September

Dienstag **17.** September

Mittwoch **18.** September

Donnerstag **19.** September

Freitag 20. September

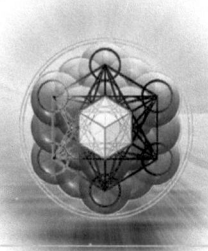

Samstag 21. September

Sonntag 22. September

Montag 23. September

Dienstag 24. September

Mittwoch **25.** September

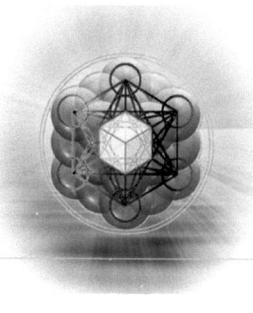

Donnerstag **26.** September

Freitag **27.** September

Samstag **28.** September

Sonntag **29.** September

Montag **30.** September

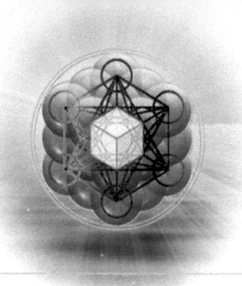

Dienstag **01.** Oktober

Mittwoch **02.** Oktober

Donnerstag **03.** Oktober   Tag der Deutschen Einheit

Freitag **04.** Oktober

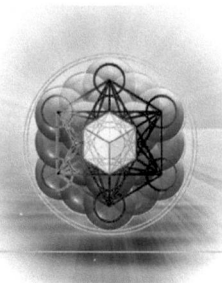

Samstag **05.** Oktober

Sonntag **06.** Oktober

Montag 07. Oktober

Dienstag 08. Oktober

Mittwoch **09.** Oktober

Donnerstag **10.** Oktober

Freitag **11.** Oktober

Samstag **12.** Oktober

Sonntag **13.** Oktober

Montag **14.** Oktober

Dienstag **15.** Oktober

Mittwoch **16.** Oktober

Donnerstag **17.** Oktober

Freitag **18.** Oktober

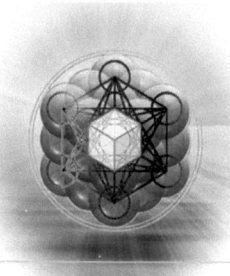

Samstag **19.** Oktober

Sonntag **20.** Oktober

Montag 21. Oktober

Dienstag 22. Oktober

Mittwoch **23.** Oktober

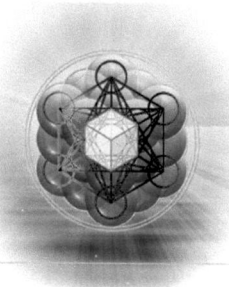

Donnerstag **24.** Oktober

Freitag **25.** Oktober

Samstag **26.** Oktober

Sonntag **27. Oktober**   Ende der Sommerzeit

Montag 28. Oktober

Dienstag 29. Oktober

Mittwoch **30.** Oktober

Donnerstag **31.** Oktober   Reformationstag

Freitag **01.** November   Allerheiligen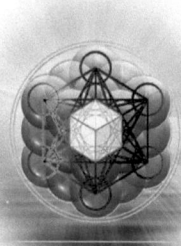

Samstag **02.** November

Sonntag **03.** November

Montag 04. November

Dienstag 05. November

Mittwoch **06.** November

Donnerstag **07.** November

Freitag **08.** November

Samstag **09.** November

Sonntag **10.** November

Montag **11.** November

Dienstag **12.** November

Mittwoch **13.** November

Donnerstag **14.** November

Freitag **15.** November

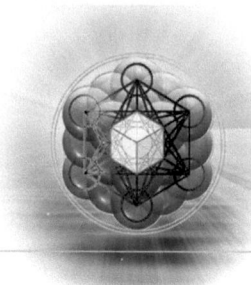

Samstag **16.** November

Sonntag **17.** November

Montag **18.** November

Dienstag **19.** November

Mittwoch **20.** November

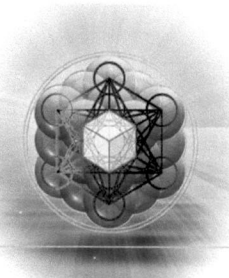

Donnerstag **21.** November

Freitag **22.** November

Samstag **23.** November

Sonntag **24.** November

Montag 25. November

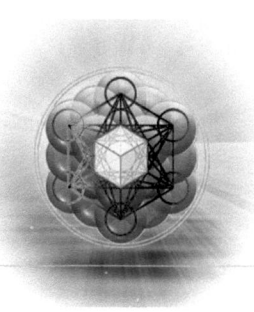

Dienstag 26. November

Mittwoch 27. November

Donnerstag 28. November

Freitag **29.** November

Samstag **30.** November

Sonntag **01.** Dezember   1. Advent

Montag 02. Dezember

Dienstag 03. Dezember

Mittwoch **04.** Dezember

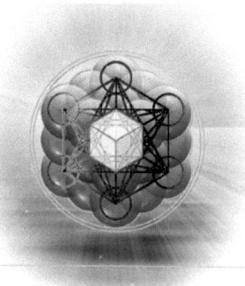

Donnerstag **05.** Dezember

Freitag **06.** Dezember

Samstag **07.** Dezember

Sonntag **08.** Dezember

Montag 09. Dezember

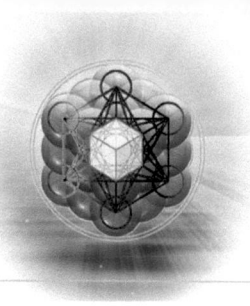

Dienstag 10. Dezember

Mittwoch **11.** Dezember

Donnerstag **12.** Dezember

Freitag 13. Dezember

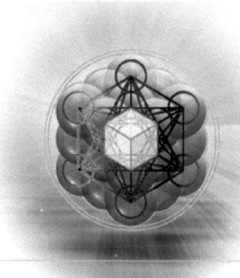

Samstag 14. Dezember

Sonntag 15. Dezember

Montag 16. Dezember

Dienstag 17. Dezember

Mittwoch **18.** Dezember

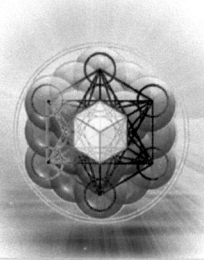

Donnerstag **19.** Dezember

Freitag **20.** Dezember

Samstag **21.** Dezember

Sonntag **22.** Dezember

Alles ist Licht.

Gott selber

Montag 23. Dezember

Dienstag 24. Dezember   Heiligabend

2 Kymische Hochzeit

Bittet darum, dass nun alles zu Eurem höchsten Wohle gefügt werde – denn nun sprecht Ihr in Liebe und lauscht Der Stimme Eurer Seele und Eures Höchsten Selbst:

Oben wie Unten,
Innen wie Außen,
in mir gibt es keine Trennung, denn die Trennung ist eine Illusion.
Ich bitte um die Verbidung mit meinem Höheren Selbst.
Ich bitte um die Vereinigung mit meinen Seelengeschwistern zur kymischen Hochzeit, die nun bereit dazu sind.
Ich bitte, dass dieser Vorgang in der Reinheit und in der Liebe des Höchsten – Gott Vater-Mutter geschehe.
Es möge sein Wille geschehen und nicht unserer – so sei es.

Lasst Euch nun Zeit und spürt hinein in diesen Prozess, der länger dauern kann. Nehmt war und seid. Denn Ihr seid.

Mittwoch **25.** Dezember   1. Weihnachtstag

Donnerstag **26.** Dezember   2. Weihnachtstag

3 Höchste Anteile

Bittet darum, dass nun alles zum höchsten Wohle Aller gefügt werde – denn nun sprecht Ihr in Liebe und lauscht der Stimme Eurer Seele und Eures Höchsten Selbst:

Oben wie Unten,
Innen wie Außen,
In mir gibt es keine Trennung, denn die Trennung ist eine Illusion.
Ich bitte um die Verbidung mit meinen Höchsten Anteilen in Liebe, denn ich bin das Höhere Selbst, ich bin die Seele, ich bin Liebe, so sei es.
Ich bitte um die Rückverbindung mit den höchsten Anteilen, die ich nun integrieren kann; denn ich weiß, dass in Wahrheit nichts je getrennt war oder ist, so sei es.
Ba Ra Shem Ka – möge Gott Vater-Mutters Wille geschehen – so sei es.

Dieser Prozess heilt in Euch die Anteile, die nicht in der Liebe sind, denn dies ist eine Illusion, so sei es.

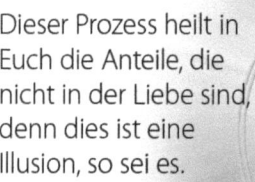

Freitag **27.** Dezember

Samstag **28.** Dezember

Sonntag **29.** Dezember

5 Magien

Die Magien sind verzerrte Energien, die Kontrolle bewirken sollten, in Wahrheit aber nach dem Prinzip der Ursache und Wirkung, uns gelähmt haben, die wir sie einsetzten in früheren Leben. Bitte seid nun behutsam, wenn Ihr, auch die noch nicht eingeweihten, um die Kraft des Heiligen Grals und um die Kraft der Isis bittet, um alte Magien, Flüche, Runenmagien, Blutsmagien, Spiegelmagien, Bänne und Vodoozauber, Hexenmagien, schwarze und weiße Magien sowie Kardinalsflüche aufzulösen; denn Ihr seid Liebe: *Gott Vater-Mutter, die Trennungen sind Illusionen, und so lasse ich alle Trennungen los. Ich bitte Dich, Gott Vater-Mutter um die Kraft der Isis und des Heiligen Grals – lasse sie wirken in den Feldern, die in mir verzerrt sind und nun gelöst werden dürfen im Licht der Einheit, das ich bin. Bitte erlaube mir zurückzukehren in mein höchstes Schöpferbewusstsein, dass ich in Liebe, zum höchsten Wohle Aller einsetze, um mich und andere zu heilen von alten Magien. Möge Dein Wille geschehen, so sei es. Ich danke Dir von Herzen.* Nehmt wahr, wie sich in Euch die Heilung manifestiert, die Ihr seid. So sei es.

Montag 30. Dezember

Dienstag 31. Dezember   Silvester

10 Frieden

Friede entsteht als eine Folge der kosmischen Gesetze. Sobald Ihr begreift, dass Ihr Licht seid, und Ihr immer die Wahl habt, Euch für dies Licht zu entscheiden, können tiefgreifende Veränderungen entstehen und zu innerem Frieden, zu innerer Gelassenheit führen.

So sei es. Ihr könnt affirmieren, um dies jetzt zu unterstützen:

Ich bin Liebe,
ich bin Friede,
ich bin die Weisheit Gottes,
ich bin das All-Eine,
ich bitte mein höchstes Selbst, mir den Weg zu zeigen zu innerem Frieden und innerer Gelassenheit.

Da meine Handlungen positive Konsequenzen bewirken, sobald ich positive Ursachen und Schwingungen setze, lässt diese Affirmation mein Licht leuchten und ich heile, so sei es.

Mittwoch **01.** Januar   Neujahrstag

Donnerstag **02.** Januar

---

37 Der Baum des Lebens

Der Baum des Lebens ist die Einheit selbst. Sie ist in uns, denn nichts war je getrennt – und so können wir, wenn wir die geistigen Gesetze verstanden haben, manifestieren, dass dieser Baum wieder in uns selbst die Früchte trägt, die uns die Einheit, das Paradies, erleben lassen. Bittet einmal darum, dass sich Euer Baum des Lebens wieder in die Einheit bewegt, zum Beispiel durch folgende Affirmation:

Ich bitte Dich, Gott Vater-Mutter, rücke meinen Baum des Lebens wieder in die Einheit, die ich bin. Denn ich bin Liebe, ich bin Licht, ich bin geisterschaffen, und ich manifestiere aus dem Geiste, jetzt. Der Baum des Lebens ist das Leben selbst, denn die Früchte des Baumes sind Erkenntnis, Liebe, Wissen, Weisheit und tiefe Einsicht in die Einheit, die in Allem herrscht, denn ich bin das All-Eine. Und so nehme ich die Schöpfungen, die ich tätige, als das an, was sie sind: sie sind Manifestationen meines Bewusstseins, so ist es. Offenbare mir die Frucht des Lebens aufs Neue. Ich danke Dir von Herzen.
So sei es.

Freitag **03.** Januar

Samstag **04.** Januar

Sonntag **05.** Januar

Von Seele zu Seele –
Namasté.